Josef Dirnbeck

Von allen Seiten umgibst Du mich

Josef Dirnbeck

Von allen Seiten umgibst Du mich

Meditationstexte

Mit einem Vorwort
von
MARTIN GUTL

Verlag Styria

Die Deutsche Bibliothek – CIP-Einheitsaufnahme

Dirnbeck, Josef:
Von allen Seiten umgibst Du mich : Meditationstexte /
Josef Dirnbeck. – Graz ; Wien ; Köln :
Verl. Styria, 1991
ISBN 3-222-12055-2

Printed in Austria
Umschlaggestaltung: Hans Paar, Graz
Umschlagfoto: Gery Wolf, Graz
Gesamtherstellung:
Druck- und Verlagshaus Styria, Graz
ISBN 3-222-12055-2

Dem Freund und Seelsorger
MARTIN GUTL
zum silbernen Priesterjubiläum

Inhalt

IV
ZIELPUNKT LIEBE

„Von allen Seiten umgibst Du mich“

Ein Vorwort von Martin Gutl

Der Titel des vorliegenden Buches wurzelt im Psalm 139, einem Loblied der Gegenwart Gottes auf allen Ebenen der Wirklichkeit: in der Außenwelt, in der Innenwelt.

„Von allen Seiten umgibst Du mich“ zeigt, wie sehr der Mensch in der Atmosphäre der Gegenwart Gottes, in der Gewißheit seiner Nähe ganz Mensch werden kann. Gott ist bei den Menschen, er wirkt mit den Menschen, er lebt im Menschen. In allen Dimensionen der Wirklichkeit ist Gott anwesend. Wohin könnten wir fliehen, wo Gott nicht ist? Auch unsere Gedanken und unsere Worte sind ihm vertraut.

Ein Mensch, der ohne Vertrauen, daß Gott die Liebe ist, die Worte von Psalm 139 liest, mag vielleicht zum Ergebnis kommen: Dieser biblische Gott, der hier beschrieben wird, kontrolliert den Menschen von allen Seiten. Wer aber an einen liebenden Gott glaubt, ist glücklich, daß Gott nicht nur im Himmel, sondern überall auf der Welt da ist.

VON ALLEN SEITEN UMGIBST DU MICH

Mitten im Schrecken
erkenn' ich:
Du bist da!

Schau ich in die Augen
eines verwundeten Menschen,
den man vom Unfallort wegträgt:
Du bist da!

Blick ich in die Augen
von zwei Menschen,
die einander vor dem Altar
das Jawort geben:
Du bist da!

Besuche ich Menschen im Kerker,
die mit sich selbst ringen müssen:
Du bist da!

Blick ich ins Gesicht der Mönche,
die zum Chorgebet gehen:
Du bist da!

Schau ich in die Augen von Kindern,
die in der Schulbank vor mir sitzen:
Du bist da!

Schau ich in die Augen von Vorgesetzten,
bevor sie mir einen Auftrag geben:
Du bist da!

Schau ich in die Augen von Freunden,
die mir viel bedeuten:
Du bist da!

Sitze ich im Flugzeug,
8000 Meter über den Häusern der Städte:
Du bist da!

Fahre ich im Zug
durch die Nacht:
Du bist da!

Komme ich zu einer Sitzung:
Du bist da!

Wandere ich allein auf den Berg:
Du bist da!

Krieche ich in eine Höhle:
Du bist da!

Sitze ich in einer alten Kirche:
Du bist da!

Sage ich auch hundertmal:
„Ich sehe Dich nicht!"
Ich spüre doch:
Du bist da!

Und frage ich auch:
„Wo bist Du? Wo bist Du geblieben?"
Du bist da!

Denn Du bist Gott!
Und das heißt:
Du bist da!
Da für uns!
Halleluja!

SEIT EWIGKEIT SCHAUST DU UNS AN

Wohin soll ich schauen, Herr?
Die Plakate öden mich an.
Ihre Werbung
für die Vergänglichkeit
täuscht Bleibendes vor.

Die Menschen scheuen sich,
einander ins Gesicht zu blicken.

Da erhebe ich meine Augen zu Dir,
Du wendest Deine Augen
nicht von uns ab.

Seit Ewigkeit schaust Du uns an,
ruhig wie am siebenten Tag der Schöpfung,
mitten in der Hast unserer Städte.

MIT DIR AUF DEM WEG

Wohin ich auch gehe,
Du bist an meiner Seite.
Wohin ich auch blicke,
dahinter stehst Du!
Was ich auch höre,
Du sprichst mit mir.
Wer ich auch bin,
Du bist bei mir!

DU BIST BEI MIR

Du bist bei mir,
Du hörst mir zu.
Du nimmst mir die Angst.
Du schenkst mir Vertrauen.
Was ich auch tue,
Du zeigst mir Verständnis.
Schrei ich auch oft:
„Du liebst mich nicht mehr!" –
Du bleibst mir doch treu.

Ob ich bete oder grüble,
ob ich klage oder lobe,
bitte oder danke:
Du bleibst bei mir,
mir näher,
als mein Herz mir sein kann.

DU!

Wo niemand noch hinkam,
wartest Du immer schon.
Was niemand wahrnahm,
sahst Du immer schon.

Der Mensch lebt nicht vom Brot allein, sondern von jedem Wort, das aus dem Munde Gottes kommt. Manche meinen, es gebe ohnehin schon genügend religiöse Bücher, Zeitschriften und Zeitungen. Ich bin überzeugt, daß wir stets die Botschaft Gottes in

unsere Zeit übersetzen müssen. Die Bibel ist die Basis, an der sich jedes Glaubensbuch zu allen Zeiten orientieren wird. Doch die Bibel nimmt nicht Bezug auf die Lebenssituationen, die wir im letzten Viertel des zwanzigsten Jahrhunderts vorfinden. So können Bücher das biblische Damals ins Jetzt übersetzen.
Josef Dirnbeck, mit dem ich schon bald zwanzig Jahre in einem menschlichen und literarischen Kontakt bin, zeigt im vorliegenden Buch, wie aktuell die biblischen Forderungen und Perspektiven heute sind.
Gott hat sich nicht nur zur Zeit des Mose im brennenden Dornbusch geoffenbart, er zeigt sich in den kleinen Begegnungen des Alltags in unserer Umgebung.
Die Vaterunser-Bitte „Dein Wille geschehe" wird in Texten, die aus ganz bestimmten Glaubens- und Lebenszeugnissen erwachsen sind, unter dem Motto „Hier ist mein Platz" für uns heute verdeutlicht.
Mehr als früher bietet heute auch die Auseinandersetzung des Gläubigen mit der Gemeinschaft der Kirche Gelegenheit zum Beten und Nachdenken. Doch das Ringen mit der Kirche darf sich nicht in wortreichen Erörterungen erschöpfen. Darum zeigt Josef Dirnbeck im Kapitel „Ich glaube an die Zukunft der Kirche", wie Menschen im Erfahrungsraum der Kirche durch Beispiele gelebten Christentums selber reifen und zum Ziel kommen können.
Wie das Hohelied der Liebe im 13. Kapitel des ersten Korintherbriefs, so gipfelt auch das Schlußkapitel „Zielpunkt Liebe" in der Einsicht, daß nur die Liebe bleibt. Die Schil-

derung von menschlichen Situationen, in denen es um die Erfüllung des Liebesgebotes Christi geht, bleibt nicht im Theoretischen stecken, sondern bringt die Gewißheit, daß Liebe auch im Hier und Jetzt gelebt werden kann – Liebe nicht nur ideal, Liebe real!

Alles hat einmal angefangen. Wie bin ich zu Josef Dirnbeck gekommen? Es war in der Zeit, in der ich Studentenseelsorger in Graz war. Ich war eben dabei, einen Studenten im Priesterseminar zu besuchen. Da kam ich an der Kapelle vorbei und hörte die Worte:

> „Ich habe Karl Rahner gelesen.
> Das hat mein Bewußtsein verändert
> und meine Naivität zerstört.
> Seitdem kann ich nicht mehr so tun,
> als hätte ich Rahner nie gelesen,
> wenn ich mein Gewissen erforsche.
> Ich habe Sigmund Freud kennengelernt.
> Das hat mein Bewußtsein verändert
> und meine Naivität zerstört.
> Seitdem kann ich nicht mehr so tun,
> als hätte Freud nie existiert,
> wenn ich mein Gewissen erforsche."

Ich wußte nicht, daß an diesem Adventabend die Gruppe der Laientheologen einen Bußgottesdienst feierte. Und ich wußte auch nicht, daß ein gewisser Josef Dirnbeck – damals noch Student – den Text zur Gewissenserforschung geschrieben hatte. Aber es entstand in mir ein großes Verlangen, den Menschen kennenzulernen, der solche Gedanken schreibt. Ich mußte zu meinem Besuch eilen und hatte keine Zeit, weiterzuforschen, wer denn der Urheber dieser Gedanken war.

Einige Zeit danach machte ich einen Krankenbesuch, da stieß ich in einer Grazer Studentenwohnung auf Josef Dirnbeck. Wir kamen ins Gespräch, zeigten uns gegenseitig unsere Texte – und es dauerte nicht lange, da meinte Dirnbeck: Ziehen wir uns doch für eine Woche in die Stille eines Klosters zurück und schreiben miteinander ein Buch!
So gesagt, so getan. Und am Ende lag ein Manuskript vor, das das Interesse des Grazer Styria-Verlags fand: „Ich begann zu beten", unser erstes gemeinsames Buch. Eine weitere Frucht unserer Zusammenarbeit wurde dann unter dem Titel „Ich wollte schon immer mit Dir reden" veröffentlicht.
Josef Dirnbeck und ich sind seitdem immer in Verbindung geblieben. Wir haben in all den Jahren viele Gespräche geführt und miteinander gedacht und gebetet, auch wenn wir in der Folge nicht in der gleichen Weise weitergearbeitet haben, sondern jeder seinen eigenen Weg gegangen ist. Aber wir haben einer dem andern bis heute Anregungen gegeben, haben einander kritisiert und herausgefordert und einander auf unserem Weg als christliche Schriftsteller begleitet.

I

Er offenbart sich Tag für Tag

Er offenbart sich Tag für Tag

Er offenbart sich
im Aufblitzen der Sonne,
wenn sie am Morgen
durch die Äste leuchtet.

Er offenbart sich
im Gruß eines Menschen,
der mich bei meinem
Namen ruft.

Er offenbart sich
in einem Telefonanruf,
der mich spüren läßt:
Ich werde geliebt!

Er offenbart sich
im Kindergesicht,
das mir voll Vertrauen
entgegenlächelt.

Er offenbart sich
in einem Bibelwort,
das mich ergreift
und nicht mehr losläßt.

Er offenbart sich
in einem Streitgespräch,
das ohne Rechthaberei
nach der Wahrheit sucht.

Er offenbart sich
in den Tiefen der Seele
als Liebe, die größer ist
als unser Herz.

Er offenbart sich
in der Stunde des Feierns,
wenn aus Fremden Nahe
und Nächste werden.

Er offenbart sich
in tausend Zufälligkeiten,
die sich im Rückblick
als Fügung erweisen.

Audemus dicere

„Die Juden fordern Zeichen,
die Griechen suchen Weisheit.
Wir dagegen verkündigen
Christus als den Gekreuzigten:
für Juden ein empörendes
Ärgernis, für Heiden eine
Torheit…“

1 Kor 1,22–23

Der Marxist
spricht von Opium,
der Psychoanalytiker
spricht von Illusion;
wir wagen zu sagen:
Vater im Himmel.

Die Naturwissenschaftler
nennen es Urknall,
die Esoteriker nennen es
kosmische Energie;
wir wagen zu sagen:
Schöpfung.

Die einen sehen im Menschen
einen Irrläufer der Evolution,
die anderen nennen ihn
tierischer als jedes Tier;
wir wagen zu sagen:
Ebenbild Gottes.

Wir sind Kinder des Vaters

Wir brauchen uns nicht zu fürchten
vor unseren Schwächen:
denn wir sind Kinder
des himmlischen Vaters.

Auch dort, wo wir sündigen,
bleibt Gott unser Vater,
der uns liebend umgibt;
unser Vater,
der uns erschaffen hat,
damit wir dereinst
für immer bei ihm
in der Liebe sind.

Wir brauchen uns nicht zu fürchten
vor unseren Schwächen,
sondern dürfen vertrauen,
daß er bei uns ist.

Wann ist Gott bei uns?

„Wann ist Gott bei uns?“ –
fragte der Religionslehrer.

„Wenn wir glücklich sind“,
sagte ein Bergbauernbub
in der ersten Reihe,
und er sagte es
mit strahlenden Augen.

Ein anderes Kind sagte:
„Nein, Gott ist bei uns,
wenn wir traurig sind.“

Beide hatten recht.

In allem spricht uns der Ewige an

In allem spricht uns der Ewige an –
auch in dem Schönen und Wunderbaren,
das Menschenhände vollbringen:
in der schön gestrickten Wolldecke,
der Tonvase, dem geflochtenen Korb,
in Zeichnungen, Malereien,
Kompositionen und Gedichten,
in all den Dingen,
durch die sich der schöpferische Mensch
seinem Schöpfer ähnlich erweist.

Schneekristalle

Wie phantasievoll
der Schöpfer doch ist!

Kein Designer der Welt
hätte sich den Luxus geleistet,
einfachen Schnee
mit einem solchen Formenreichtum
auszustatten.

Schneekristalle,
deren Schönheit man nur
unter dem Mikroskop richtig sieht
und die in der Wärme
von einem Augenblick auf den andern
in Wasser zerrinnen.

Wir fragen so selten:
Warum ist die Welt so schön?
Meist fragen wir nur,
wenn wir leiden: Warum?

Die Antwort des Sozialarbeiters

Einer, der täglich
mit der Last und dem Elend
der Menschen konfrontiert ist,
wird gefragt:
„Was für einen
Gottesbegriff
haben Sie eigentlich?“

Der Sozialarbeiter
schaut den Frager lange an.

Dann sagt er:
„Die Hand Gottes
ist über mir.“

Kein falsches Zeugnis von Gott

Du sollst dir von Gott
kein Bild machen;
aber du sollst auch dem anderen
kein falsches Bild von Gott machen.

Du sollst kein falsches Zeugnis geben
von Gott, sondern bezeugen,
wie Gott wirklich ist.

Warte nicht auf Gottesbeweise

> „Für die, die an Gott glauben,
> ist keine Erklärung nötig.
> Für die, die nicht an Gott glauben,
> ist keine Erklärung möglich."
>
> *Franz Werfel, Das Lied von Bernadette*

Ist Gott beweisbar?
Gewiß – es gibt Gottesbeweise,
aber was beweisen sie?

Ist das Licht beweisbar?
Wie soll ich dir beweisen,
daß Licht existiert,
wenn du die Augen
nicht aufmachen willst?

Ist der Sinn beweisbar?
Wie soll ich dir beweisen,
daß dein Leben Sinn hat,
wenn du von vornherein sagst:
Alles ist sinnlos!?

Ist die Liebe beweisbar?
Wie soll ich dir beweisen,
daß ich dich liebe,
wenn du mir nicht glaubst,
sondern an mir zweifelst?

Gott ist das Licht
Gott ist der Sinn.
Gott ist die Liebe.
Ist Gott wirklich das Licht,
der Sinn und die Liebe?

Warte nicht auf Gottesbeweise,
sei du selber
ein Gottesbeweis!

Geh hin und tu etwas Sinnvolles!
Geh hin und leuchte!
Geh hin und liebe!

Warte nicht darauf,
daß man dir Gott beweist,
sondern geh und beweise du,
wie Gott ist!

II
Hier ist mein Platz

Hier ist mein Platz

Sie wird von ihrer Schwiegermutter tyrannisiert,
sie wird von ihrem Mann tyrannisiert,
sie wird von ihren Kindern tyrannisiert.

Und wenn man ihr sagt,
sie möge doch einfach
auf und davon gehn,
dann sagt sie:
„Wohin soll ich gehen?
Hier ist mein Platz.“

Alltägliche Verfluchungen – alltägliche Segnungen

I.
Das kommt davon.
Du bist selber schuld.
Das hättest du dir früher überlegen müssen.

Das kannst du nicht.
Das schaffst du nie.
Das ist nichts für dich.

Du hast es schon so oft versucht,
es hat keinen Sinn.
Das führt zu nichts.
Du mußt selber einsehen, daß es nicht geht.

Du hättest früher auf mich hören sollen.
Jetzt ist es zu spät.
Dir kann keiner mehr helfen.

Von nun an geht's bergab.
Wer so tief drinsteckt wie du,
kommt da nicht wieder heraus.

Ich hab es schon immer gewußt.
Dein Vater hat auch nichts getaugt.
Der Apfel fällt nicht weit vom Stamm.

Du kannst nichts,
du bist nichts,
du wirst nichts.

Gib's auf!

II.
Gib nicht auf!
Mach weiter!
Du bist schon mit so vielem fertig geworden,
du wirst auch das noch schaffen!

Laß dir Zeit!
Eins nach dem andern!
Du mußt nicht alles auf einmal machen!

Kopf hoch!
Nur Mut!
Du schaffst es schon!

Du bist nicht so schwach, wie du glaubst!
Ich freue mich,
daß du Fortschritte machst!
Es ist nie zu spät!

In der Straßenbahn

In der Straßenbahn
wiederholt ein Mann
immer wieder die Worte:
„Ihr glaubt wohl,
ihr könnt mit mir tun,
was ihr wollt!“

Die Fahrgäste blicken auf
und denken sich ihren Teil:
Armer Mensch,
kommt aus der Psychiatrie,
geht in die Psychiatrie.

Der Mann steht auf,
tritt zum Nächstbesten hin
und beginnt wieder
mit seiner Litanei:
„Ihr glaubt wohl,
ihr könnt mit mir tun,
was ihr wollt!“

Einer in einer Millionenstadt
und Millionen andere:
Wieviel kann der Mensch
wirklich selber bestimmen?
Und wieviel tun andere mit ihm?

Feier der Umkehr

> „Als Jesus von dort wegging,
> sah er einen Zöllner namens Levi
> am Zoll sitzen und sagte zu ihm:
> Folge mir nach! Da stand Levi auf,
> verließ alles und folgte ihm.
> Und er gab für Jesus in seinem Haus
> ein großes Festmahl."
>
> *Lk 5,17–29*

Siebzehnmal
war er schon im Gefängnis.
Immer wieder ist er
rückfällig geworden.

Er gab trotzdem nicht auf.

Mit ganzer Kraft
hat er an sich gearbeitet.
Dann war er so weit,
daß er es schaffte.
Er bekam wieder einen Arbeitsplatz
und hörte mit dem Trinken auf.

Er ist umgekehrt,
und er versteht es,
seine Umkehr zu feiern.

Andere feiern Jahr für Jahr
den Geburtstag
oder den Hochzeitstag –
er feiert mit seinen Freunden,
daß er ein Jahr ohne Alkohol auskam
und daß er schon zwei Jahre
nicht mehr im Knast war.

O du fröhliche

Aus der Lautsprecherbox
tönt das Lied von der fröhlichen,
seligen Weihnachtszeit.

Auf dem Tisch
steht der Christbaum
mit großen silbernen Kugeln,
in denen sich die Landschaft
des Zimmers spiegelt.

Vor dem Christbaum
eine kleine Krippe
mit dem neugeborenen Erlöser.

Im Rollstuhl davor
ein junger Mann.

Seit seinem Unfall
ist er querschnittgelähmt;
sein Lebensentwurf
ist mit einem Mal
zerrissen worden.

„... Welt ging verloren,
Christ ist geboren ..."

Der Querschnittgelähmte
blickt auf die Krippe
und auf das Kreuz,
das hinter dem Christbaum
an der Zimmerwand hängt.

Hier in der Krippe
das liebliche Kind,
das lebensfroh
in die Welt blickt.

Und dort
der gemarterte Leidende.

Das Kind blieb nicht Kind.
Aber auch das Leiden
hat nicht das letzte Wort:
Jesus, der Gekreuzigte,
blieb nicht im Tod.

Freue dich,
Querschnittgelähmter –
„freue, freue dich,
o Christenheit!“

In der Weihnachtsmette

„Was ist Liebe?“ fragte einmal
jemand einen chinesischen Meister.
Er gab zur Antwort:
„Aufmerksamkeit.“

Eine blinde Frau in der Weihnachtsmette.
Sie lebt allein.
Sie hat niemanden,
der ihr hilft.
Ihr Mann ist vor kurzem gestorben.

Weihnachtsjubel,
festliche Chöre –
der Pfarrer verkündet
das Evangelium von der Freude,
die allem Volk zuteil werden soll.

Und in der Lesung
wurde gesagt, daß die Güte
und Menschenfreundlichkeit Gottes
erschienen sei.

Alle stehen auf
und drängen zur Kommunion.
Niemand fragt die Frau:
„Darf ich Sie führen?“

In dieser lichterglänzenden Nacht
muß die Blinde
von sich aus bitten,
daß sie jemand führt,
weil die Sehenden
von sich aus nicht sehen,
was die Frau, die nicht sieht,
dringend braucht.

Gelebte Versöhnung

Im Zweiten Weltkrieg
war er im KZ
und mußte damals
für viele seiner Mitgefangenen
ein Massengrab schaufeln.

Er hat die Greuel
des Nationalsozialismus überlebt.
Er ist Reiseführer geworden,
um an den Stätten der Judenverfolgung
Zeugnis zu geben von der Versöhnung
zwischen Juden und Deutschen.

Wie jeder Mensch
ist auch er ein Ebenbild Gottes
und offenbart dir etwas von Gott,
der auch die liebt,
die nichts von ihm wissen wollen.

Ich kann warten

Eine Mutter und ihr Sohn.
Er sitzt im Gefängnis.
Sie bemüht sich um ihn.
Aber er will nichts von ihr wissen.

Sie gibt nicht auf,
sondern sagt:
Ich kann warten.

Wie jeder Mensch
ist auch sie ein Ebenbild Gottes
und offenbart dir etwas
von Gottes großer Geduld.

Wenn er tanzt

Er ist ein ganz gewöhnlicher Mensch,
alltäglich und unscheinbar,
ein Mensch, dem man
nichts Besonderes zutraut.

Aber wenn er tanzt,
geht von ihm eine Lebensfreude aus,
die dich mitreißt.

Wie jeder Mensch
ist auch er ein Ebenbild Gottes
und offenbart dir einen Strahl
der Herrlichkeit Gottes.

Wir – seine Ebenbilder?

Nicht dort sind wir seine Ebenbilder,
wo wir rachsüchtig nach Bestrafung schreien,
sondern dort,
wo wir dem, der gestrauchelt ist,
die Hand entgegenstrecken.

Nicht dort sind wir seine Ebenbilder,
wo wir dreinfahren und auftrumpfen,
sondern dort,
wo wir einem Menschen weiterhelfen,
der keinen Ausweg weiß.

Nicht dort sind wir seine Ebenbilder,
wo wir die Beleidigten sind,
die dem andern nichts durchgehen lassen,
sondern dort,
wo wir verzeihen und gütig sind.

Nicht dort sind wir seine Ebenbilder,
wo wir einschüchtern und Angst machen,
sondern dort,
wo wir Tränen abwischen und trösten.

Nicht dort sind wir seine Ebenbilder,
wo wir an einem anderen Menschen
herumnörgeln
und ihn durch unsere Kritik mutlos machen,
sondern dort,
wo wir lieben.

Nicht dort sind wir seine Ebenbilder,
wo wir andere an die Kandare nehmen,
sondern dort,
wo wir Freiheit geben und dulden.

Nicht dort sind wir seine Ebenbilder,
wo wir poltern und donnern,
sondern dort,

wo wir schweigen,
horchen und schauen.

Nicht dort sind wir seine Ebenbilder,
wo wir uns als Macher vorkommen,
die alle Probleme im Griff haben,
sondern dort,
wo wir danken und staunen
und uns freuen wie ein Kind.

Nicht dort sind wir seine Ebenbilder,
wo wir der Natur unseren Willen aufzwingen
und Umwelt und Landschaft zerstören,
sondern dort,
wo wir demütig werden
und uns vom Gras und den Bäumen
etwas erzählen lassen.

Nicht dort sind wir seine Ebenbilder,
wo wir mit Fanatismus die Wahrheit vertreten,
sondern dort,
wo wir uns in Frage stellen lassen
und es gegebenenfalls auch hinnehmen,
daß man uns wegen unserer Überzeugungen
schmäht oder belächelt.

Nicht dort sind wir seine Ebenbilder,
wo wir die Allwissenden spielen,
sondern dort,
wo wir fragen und zuhören können.

Nicht dort sind wir seine Ebenbilder,
wo sich unsere Ideale
an Allmachtsphantasien orientieren,
sondern dort,
wo wir Jesus nachfolgen,
dem Sohn und Abbild des Vaters.

Wenn der Glaube schläft

„Der Schlaf der Vernunft
gebiert Ungeheuer."
Francisco de Goya

Wenn der Glaube schläft,
erwacht, was angst macht.

Wenn der Glaube schläft,
toben sich finstere Mächte aus:
Dämonen und Schreckgespenster,
finstere Gestalten,
unwirklich und doch wirksam,
weil sie beängstigen.

Wenn der Glaube schläft,
wird der Glaube gespenstisch.

Fehlgeleitete Sehnsucht

Wird die Sehnsucht
nach dem Ewigen
fehlgeleitet,
endet sie in der Sucht.

Voll Vertrauen

Auf dem schwarz umrandeten Blatt
steht ein Psalmwort:

„In deine Hände
lege ich voll Vertrauen
meinen Geist" (Ps 31,6).

Darunter
der Name einer Mutter,
um die sechs Kinder
und Schwiegerkinder trauern.

Warum hängen wir Kreuze auf?

Die Religionslehrerin
hat ein Kreuz mitgebracht.
Jeder darf es anfassen,
jeder darf es ansehen.

Die Religionslehrerin
gibt das Kreuz einem Kind,
und das Kind reicht das Kreuz
an das nächste Kind weiter.

Mittendrin fragt plötzlich
ein Kind ganz betroffen:
„Warum hängen wir eigentlich
immer nur Kreuze auf
und keine Bilder
von der Auferstehung?“

Der Christ und das Leid

Wer glaubt, darf das Leid
nicht hinweglügen,
schönfärben oder verdrängen.

Wer glaubt, muß das Leid
als Leid annehmen
und tragen helfen.

Es heißt nicht:
Einer mache dem anderen weis,
daß die Last, die er trägt,
gar nicht schwer ist.

Vielmehr steht geschrieben:
Einer trage
des anderen Last.

Wir haben kein Brot

Sonntag vormittag
in einer österreichischen Pfarre.
Die Gläubigen feiern Messe,
der Pfarrer ist auf Urlaub.

Der Priester,
der den Pfarrer vertritt,
stammt aus Brasilien.

Als er darangeht,
die Kommunion auszuteilen,
findet er zu seinem Erstaunen
den Tabernakel leer.

Da beginnt er zu lächeln
und spricht zur Gemeinde:
„Hier in Europa
fehlt euch das Himmelsbrot,
und bei uns fehlt
das Brot der Erde.
Wo ist Brot? –
fragen die Kinder,
und die Eltern sagen:
Wir haben kein Brot;
vielleicht morgen!“

Sowohl als auch

Stilles Ruhen in Gott
oder wortreiche Gespräche
über Gott?

– Sowohl als auch!

Stückwerk ist unser Wissen

Wir wissen,
wie schnell das Licht unterwegs ist,
aber wir wissen nicht,
wie lange es braucht,
bis ein Uneinsichtiger
zur Einsicht kommt.

Wir wissen,
nach wie vielen Kilometern
der Automotor kaputt ist,
aber wir wissen nicht,
wann unser Leben zu Ende sein wird.

Wir wissen,
wie Kalkstein auf Säure reagiert,
aber wir wissen nicht,
wie eine Mutter reagieren wird,
sobald sie erfährt,
daß sie ein behindertes Kind
zur Welt gebracht hat.

Wir wissen,
warum das Kamel lange Durststrecken aushält,
aber wir wissen nicht,
wie die alte Frau Mitterhofer es schafft,
ihre Schmerzen mit solcher Geduld zu ertragen.

Wir wissen,
was für Getreide
die alten Ägypter angebaut haben,
aber wir wissen nicht,
was zwei Menschen mitmachen,
von denen einer mit Aids infiziert ist.

Wir wissen,
wie schnell das Licht unterwegs ist,
aber wir wissen nicht,
wie lange es braucht,
bis ein Uneinsichtiger
zur Einsicht kommt.

Auf dem Bergfriedhof

Die Grabkreuze
auf dem Bergfriedhof
tragen alle die Aufschrift:
„Hier ruht in Gott …“

Hier ein Wald von Kreuzen
mit goldenen Strahlen.

Draußen eilige Menschen,
außer sich vor Sorgen
und allzeit geschäftig –
als ob die Ruhelosigkeit
der Sinn und das Ziel
ihres Lebens wäre.

Hundert und eine Frage

Schon viele kamen
mit hundert Fragen zum Einkehrtag
und kehrten mit einer Frage
nach Hause zurück:
Wann nehme ich mir
endlich Zeit für die Stille?
Wann wird meine Wohnung ein Raum,
in dem Zeit und Ewigkeit
ineinander verschmelzen?

Der Trost der Schöpfung

Verzage nicht, Mensch,
in deiner Hinfälligkeit:
Schau, es gibt Wurzeln,
die Jahrtausende halten!

Verzage nicht, Mensch,
weil etwas zu Ende geht:
Nach der Aussaat
kommt die Ernte.

Verzage nicht, Mensch!
Meinst du, der ewige Gott
hätte sich die Mühe gemacht,
dich aus dem Nichts
ins Dasein zu rufen,
um dich dann für immer
ins Nichts zu stoßen?

Das Gleichnis der Glocke

Würde sie mit beiden Beinen
auf der Erde stehen,
hätten wir nichts von ihr.

Sie kann nur zu uns sprechen,
wenn sie schwingt.
Sie kann aber auch nicht
zu uns sprechen,
wenn sie davonfliegt.

So wie der Christ sein muß,
ist die Glocke:
festgebunden und doch frei.

III

Ich glaube an die Zukunft der Kirche

Den Glauben weitergeben

Nicht wie ein gut verschnürtes Paket
sollen wir den Glauben weitergeben,
sondern wie ein Licht,
das andere Lichter entzündet.

Tatort Kirche

I.
Erfahrungsraum: Kirche
Sanatorium: Kirche
Gefängnis: Kirche
Friedhof: Kirche

Kirche: Ort der Auferstehung
Kirche: Ort der Hoffnung
Kirche: Ort der Liebe

Eine Kirche, die starr ist
Eine Kirche, die sich bewegt

Eine lebendige Kirche
Eine tote Kirche

Kirche: Ort der Auseinandersetzung
Kirche: Ort des Friedens

Reibebaum der Menschheit: Kirche

II.
„Lieben heißt bleiben" –
sagte der Priester:
„Wir müssen in der Kirche bleiben,
was auch immer geschieht;
die Kirche ist unsere Heimat."

Die Kirche als Gottesbeweis?

„Da erhob sich im Hohen Rat
ein Pharisäer namens Gamaliel,
ein beim ganzen Volk
angesehener Gesetzeslehrer,
und sagte: Laßt von diesen
Männern ab; denn wenn dieses
Vorhaben oder dieses Werk
von Menschen stammt, wird es
zerstört werden; stammt es aber
von Gott, so könnt ihr sie nicht
vernichten; sonst werdet ihr
noch als Kämpfer gegen Gott
dastehen."

Apg 5,34.38–39

Die sündelose Kirche
hat nie existiert;
schon von Anfang an
ist die Kirche eine Gemeinschaft
von Heiligen und Sündern.

Aber die Sünden der Kirche
sind kein Beweis,
daß Gott nicht in ihr ist.

Schon mancher hat sich
angesichts finsterer Zeiten
der Kirchengeschichte gesagt:
„Für mich ist dies alles
ein Beweis, daß Gott
mit der Kirche sein muß;
denn wäre die Kirche
wirklich nur dieser korrupte
und intrigante Verein,
als den sie ihre Gegner gern sehen,
wäre sie schon längst
in sich zusammengestürzt!"

Nicht richtig gehört

Der Referent sprach
vom Aktivismus in der Pastoral;
und ein Zuhörer verstand
„Atheismus“ statt „Aktivismus“.

Und es gibt ihn tatsächlich –
den Atheismus in der Pastoral:
So mancher eilige Einsatz
ist gott-los;
so vieles in der Seelsorge
geschieht hastig und eilig,
nicht in Meditation und Gebet.

So vieles in der Kirche
geschieht mechanisch
und automatisch;
so vieles geschieht
ohne Seele.

Wenn die ersten Christen sähen, wie wir Kirche leben

„Wenn aber das Salz schal wird, womit kann man es wieder salzig machen? Es taugt zu nichts mehr; es wird weggeworfen und von den Menschen zertreten."

Mt 5,13

Wenn die ersten Christen sähen,
wie wir Kirche leben,
sie würden uns fragen:

Ist das die Kirche,
die Jesus gewollt hat?
Haben wir uns dafür
den Löwen vorwerfen lassen?

Was ist mit euch los?

Warum klammert ihr euch
an Äußerlichkeiten?

Wißt ihr nicht,
daß Gott auf das Herz sieht?

Ihr seid nicht mehr Christen aus Berufung,
ihr seid Berufschristen geworden,
die nur noch professionell
und weitgehend lustlos
Gutes tun.

Wer hat euch die Osterfreude geraubt?

Wißt ihr nicht,
daß wir alle miteinander
Gottes Lieblinge sind:
seine Söhne und Töchter,
Erben des Himmels?

Ist es nicht ein Wunder?

Daß so viele verzweifeln
und keine Perspektive mehr sehen,
ist leider kein Wunder.
Aber ist es nicht ein Wunder,
daß es Menschen gibt,
die eine Hölle auf Erden durchleben
und trotzdem noch hoffen und glauben?

Daß sich Eheleute
nicht mehr verstehen
und die Scheidung einreichen,
ist sicher kein Wunder.
Aber ist es nicht ein Wunder,
wenn zwei, die sich schon total
auseinandergelebt haben,
wieder einen Neubeginn schaffen?

Daß so viele Leute
der Kirche den Rücken kehren,
ist sicher kein Wunder.
Aber ist es nicht ein Wunder,
daß so viele trotz allem treu
zur Gemeinschaft des Glaubens stehen?

Wer von Amtskirche spricht

Wer von Amtskirche spricht,
müßte konsequenterweise
auch von Amtstaufe sprechen,
von Amtssünde und Amtssakrament,
von Amtshimmel und Amtshölle,
von Amtsglaube, Amtshoffnung,
Amtsliebe und so weiter.

Wer von Amtskirche spricht,
müßte konsequenterweise
auch von Amtsgläubigen sprechen,
die an die Amtsmenschwerdung
des Amtsgottes glauben.

Was für Nachfolger er will

Der die Blinden geheilt hat,
will nicht,
daß seine Nachfolger
einäugig sind.

Der die Stummen wieder
zum Reden gebracht hat,
will nicht,
daß seine Nachfolger
unmündig sind.

Der die Pharisäer
als Schlangenbrut beschimpft hat,
will keine selbstgerechten Heuchler
als Nachfolger.

Der die blamiert hat,
die sich auf das Gesetz
und nichts als das Gesetz beriefen,
will nicht,
daß man in seinem Namen
auf die Paragraphen des Kirchenrechts pocht.

Winterliche Zeiten

I.
Es seien „winterliche Zeiten“,
die wir derzeit in der Kirche durchleben,
sagte Karl Rahner, der Konzilstheologe,
kurz bevor er, 80 Jahre alt, starb.

Wer liebt schon die winterlichen Zeiten?

Die Pflanzen lieben sie nicht.
Blumen und Sträucher verdorren,
die Bäume werfen ihr Laub ab.
Alle Kraft liegt nun in der Wurzel.
Überwintern ist alles.

Wer liebt schon die winterlichen Zeiten?

Die Tiere lieben sie nicht.
Die Zugvögel fliehen
bereits im Herbst in den Süden;
und wer nicht übers Meer kann,
hält Winterschlaf.

Die Winterschläfer zehren
von der Energie des Sommers
und von den Früchten des Herbstes.
Atmung und Herz sind
auf Sparflamme gesetzt.
Überwintern ist alles.

Wer liebt schon die winterlichen Zeiten?

Die Menschen haben gelernt,
auch in den Zeiten des Winters zu leben:
mit Wollsachen, Pelzmänteln,
mit gefütterten Schuhen –
mit Brennholz, Kohle und Koks –
mit Schneepflug, gestreuten Straßen
und Lawinenwarndienst.

Die Menschen haben gelernt,
sich dem Frost anzupassen,
um in winterlichen Zeiten zu überleben.

Aber die Menschen haben auch gelernt,
aus dem Winter das Beste zu machen –
mit der Rodel,
dem Schlittschuh,
dem Ski.

II.
Es seien „winterliche Zeiten",
die wir derzeit in der Kirche durchleben,
sagte Karl Rahner, der Konzilstheologe,
kurz bevor er, 80 Jahre alt, starb.

In den winterlichen Zeiten
zieht sich das Leben zurück,
geht das Leben unter die Erde:
ins gute Erdreich des Ackers,
in den Untergrund,
in die Katakomben.

In winterlichen Zeiten
liegt das Weizenkorn in der Erde;
aber Frucht bringt es nur,
wenn die winterlichen Zeiten
wieder vorbei sind.

In den winterlichen Zeiten
ist das Leben nicht tot,
aber das wahre Leben
geht erst wieder im Frühling weiter.

Wer liebt schon die winterlichen Zeiten,
die Eiszapfen allüberall,
die Figuren aus Eis?

Wer liebt schon die Zeiten,
in denen das Leben
ums Überleben kämpft?

Wer liebt schon die Zeiten,
in denen das, was gestern
noch munter geflossen ist,
eisig und starr wird?

Die gestern ängstlich waren,
weil sie sich fragten,
was denn noch gilt und Bestand hat,
wenn alles in Fluß kommt,
sind heute froh.

Und viele von denen,
die gestern frohgemut waren,
fragen heute bekümmert:
Was hat denn Bestand,
wenn alles erstarrt?

Die einen sagen:
Wißt ihr denn nicht,
daß die Kirche in Jahrhunderten denkt?
Meint ihr, wir dürften die Wahrheit
dem Zeitgeist entsprechend verändern?

Und die anderen sagen:
Wißt ihr denn nicht,
daß wir hier und jetzt Kirche sind
und den Augenblick auskaufen müssen?

Habt ihr vergessen,
daß wir wie Knechte sind,
die gewärtig sein müssen,
daß der Herr heute noch kommt?

Die einen sagen:
Nur Bewährtes hat Wert;
am längsten währt
bloß das Bewahrte.

Und die anderen sagen:
Meint ihr, der Glaube
sei Tiefkühlkost?
Die Sache Jesu verdirbt,
wenn sie einfriert.

Die einen sagen:
So manche spontane Begeisterung
gleicht der Blume auf der Wiese:
Heute blüht sie wunderschön –
und schon morgen wird sie
in den Ofen geworfen.

Und die anderen sagen:
Wir sind zum Fließen berufen,
nicht zur Erstarrung;
unser Endzustand
kann niemals ein Eisblock sein!

Die einen wie die anderen
beten zum Heiligen Geist
und bitten ihn um Wärme.

Die einen wie die anderen
beten mit den alten Worten
der Pfingstsequenz:

„Veni, Sancte Spiritus –
Komm, Heiliger Geist!
Wärme, was erkaltet ist!“

Komm, Heiliger Geist,
und mach es wieder warm
in der Kirche!
Brich das Eis!
Bring die Dinge wieder in Fluß!

Er hauchte sie an

Er hauchte sie an
mit der Wärme
seines Atems
und sagte:
Empfangt
den Heiligen
Geist!

Das Gleichnis des Eisblocks

Für den Eisblock
ist die Wärme das Gericht –
falls er Eisblock bleiben will
und nicht Wasser werden möchte.

Will der Eisblock aber schmelzen,
um Wasser zu werden
und zum Himmel zu steigen,
ist die Wärme für den Eisblock
die Erlösung.

Romanische Kreuzigungsgruppe

Jesus ruht wie ein König
auf dem Kreuz:
Er hat alles
an sich gezogen,
alle geliebt
bis in Ewigkeit.

Johannes ist der Zeuge.
Seine Hand zeigt
auf das Herz,
mit der anderen hält er
das Evangelium:
Frohe Botschaft,
mit dem Herzen geschrieben.

Maria hat die Hände
vor der Brust gekreuzt.
Sie zeigt den Weg
der Verinnerlichung:
Nicht durch Äußerlichkeiten
wird die Kirche
die Jahrhunderte überdauern,
nur die Liebe wird
das Kreuz der Strukturen
ertragen.

Einer allein kann nicht Kirche sein

Der heilige Cyprian,
Bischof von Karthago,
hat für jene, die während
der Christenverfolgung
abgefallen waren,
eine strenge Buße verlangt.

Der heilige Cornelius
war zur gleichen Zeit
für die milde Form.

Beide lebten
im gleichen Jahrhundert.

Beide waren
in der Kirche verwurzelt.

Beide werden
von derselben Kirche
als heilig verehrt.

Kirche
ist Gemeinschaft.

In der Kirche
ist immer beides.

Beides gehört zur Kirche:
Milde und Strenge.

Nur Milde wäre
genauso schlecht
wie nur Strenge.

Einer allein
hat nie allein recht.

Einer allein
kann nicht Kirche sein.

Die Kirche beginnt im eigenen Haus

> In der alten Kirche galt die Regel:
> „Willst du einen Menschen für
> Christus bekehren, dann laß ihn ein
> Jahr lang in deinem Haus wohnen!“

Stell dir vor,
du läßt einen Menschen,
der nichts vom Christentum weiß,
ein Jahr bei dir wohnen –
was würde er sehen?

Würde er sehen,
wie froh die Frohbotschaft macht,
oder würde er lernen,
daß der Glaube eine lästige
Pflichtübung ist?

Würde er erleben,
wie man verzeiht und vergibt,
oder würde er lernen,
nachtragend und rachsüchtig zu sein?

Würde er erfahren,
wie es ist, wenn man Böses
mit Gutem vergilt,
oder würde er lernen,
Menschen zu verachten?

Stell dir vor,
du läßt einen Menschen,
der nichts vom Christentum weiß,
ein Jahr bei dir wohnen –
welches Glaubenszeugnis würde er sehen?

Der Bischof, der zu den Aussätzigen ging

Paschasius Hermann Rettler,
langjähriger Bischof von Bacabal
(Brasilien), zog im Frühjahr
1990, nachdem er als Bischof
in den Ruhestand getreten war,
als Seelsorger in das Lepradorf
Pirapitingui bei São Paulo.
Der „biscopo emérito de Bacabal“
ist gebürtiger Deutscher und
gehört dem Franziskanerorden an.

Als er 75 wurde,
hatte er das Alter erreicht,
in dem Bischöfe
um ihren Rücktritt ansuchen müssen.

Pflichtgemäß suchte er
um seinen Rücktritt an.

In Rom
wurde sein Rücktritt
umgehend angenommen
und für die Diözese
ein neuer Bischof bestellt.

Was tut ein Bischof
im Ruhestand?

Eine Zeitlang hielt
der bischöfliche Pensionist
Umschau nach einem neuen Betätigungsfeld.

Dann fand er eines.

Durch einen „Fingerzeig Gottes“ –
wie er sagt.

Der Altbischof wurde Seelsorger
in einem brasilianischen
Lepradorf.

*

Pirapitingui
ist rund hundert Kilometer
von São Paulo entfernt.

In diesem Dorf
leben Menschen,
die an Aussatz erkrankt sind.

Über ein Jahr schon
hatten die Menschen hier
ohne Priester auskommen müssen;
nun hatten sie gar einen Bischof.

Die erste Messe,
die der alte Bischof
mit seiner neuen Gemeinde feierte,
war ein großes Fest.

Als sich die frohe Nachricht
herumgesprochen hatte,
daß sich wieder einer gefunden hatte,
der zu den Aussätzigen ging,
war die große Dorfkirche
bis auf den letzten Platz voll.

„Es nimmt einen schon etwas mit,
wenn man mit so vielen Kranken
das erste heilige Opfer feiert",
sagte der Bischof –
„vor allem, wenn man erlebt,

wie diese Menschen,
so krank und elend
sie alle auch sind,
wirklich strahlten –
aus Dankbarkeit,
wieder einen Priester und Seelsorger
unter sich zu haben."

*

Solange er Bischof war,
konnte er jeden Tag erfahren,
wie recht Jesus hatte,
als er prophezeit hat:
„Haben sie mich verfolgt,
so werden sie auch euch verfolgen."

Bei einem Bischof wie ihm
gehörten Todesdrohungen
zur Tagesordnung.

Nichtsdestoweniger
trat er unermüdlich
und unerschrocken
für die Rechte der Armen ein.

Und wenn Wohlmeinende rieten,
er möge doch nicht
ganz allein
und ohne Schutz reisen,
dann erwiderte er:
„Die Seele
kann keine Kugel durchlöchern."

*

Als wieder einmal
die Bulldozer kamen,
um im Auftrag der Großgrundbesitzer
die Hütten der Armen niederzuwalzen,
konnte er nicht verhindern,
daß es geschah.

Aber er ging hin
und setzte ein Zeichen.

Er feierte mit den Armen
am Ort der Zerstörung
Eucharistie.

Der Bischof brachte
keinen Altar mit,
sondern kramte aus den Trümmern
ein paar zusammengenagelte Bretter hervor,
die bei einer der Hütten
als Tür gedient hatten.

Auf diesem Altar
sprach er jene Worte
über Brot und Wein,
die Jesus gesprochen hat,
bevor er ausgeliefert
und zum Tode verurteilt wurde.

Die Polizei
war bei dieser Messe der Armen zugegen
und beobachtete das Geschehen,
um gegebenenfalls
einschreiten zu können.

Der Bischof ließ sich
von den Knüppeln
und den Maschinenpistolen

der bewaffneten Staatsgewalt
in keiner Weise beirren;
im Gegenteil:
Er redete in seiner Predigt zu ihnen.

Ob sie sich denn nicht schämten,
sich für so etwas herzugeben –
fragte er sie.

Was sie sich dabei dächten,
eine Aktion zu unterstützen,
die denen, die sowieso nichts haben,
noch das wenige wegnimmt,
das sie noch haben!

Wie sie eigentlich dazu kämen,
die Handlanger der Reichen zu spielen;
sie sollten sich lieber
auf die Seite der Armen stellen,
sie seien doch genauso
ein Teil des Volkes
wie diese entrechteten Armen,
die den Reichen
im wahrsten Sinne des Wortes
„im Wege" sind!

Und wie man berichtet,
zogen die Polizisten,
als der mutige Bischof
so zu ihnen sprach,
die Köpfe ein
und wurden immer kleiner
und kleiner.

*

Dem Bischof,
der zu den Aussätzigen ging,
ging es wie Jesus:
er hatte nichts,
wohin er sein Haupt legen konnte.

Zwar hatte man ihm
im Lepradorf eine Wohnung versprochen,
doch als er kam,
war sie noch nicht fertig.

So besorgte sich
der alte Mann
einfach ein Klappbett
und stellte es in der Sakristei
der Dorfkirche auf.

*

„Ich bin froh und dankbar,
dem Anhieb des Heiligen Geistes
gefolgt zu sein“,
sagte der Bischof –
„ich glaube, daß mich
die Brüder und Schwestern in Pirapitingui
mehr bereichern als ich sie.“

Ich glaube an die Zukunft der Kirche

„Simon antwortete ihm: Meister, wir haben die ganze Nacht gearbeitet und nichts gefangen. Doch wenn du es sagst, werde ich die Netze auswerfen."

Lk 5,5

Ich glaube an die Zukunft der Kirche,
weil die Kirche noch nicht
ganz Kirche ist.

Ich glaube an die Zukunft der Kirche,
weil das, was wir Christen
im Lauf von zwei Jahrtausenden
an Kirche gelebt und verwirklicht haben,
nur ein Bruchteil dessen ist,
was Kirche sein kann und sein soll.

Ich glaube an die Zukunft der Kirche,
weil wir die Kirche sind
und weil Gott mit uns mitzieht.

IV
Zielpunkt Liebe

Zielpunkt Liebe

Gott ist nicht Mensch geworden,
damit die Erde
zum Paradies wird.

Er ist Mensch geworden,
um uns voranzugehen,
damit es vorwärts geht mit der Welt
hin zum Zielpunkt Liebe.

Es gibt nicht zweierlei Liebe

„Die Liebe ist aus Gott, und jeder,
der liebt, stammt von Gott und
erkennt Gott. Wer nicht liebt,
hat Gott nicht erkannt, denn Gott
ist die Liebe.“

1 Joh 4,7–8

Wie soll ich Gott lieben? –
fragst du.
Indem du liebst!

Es gibt nicht zweierlei Liebe.

Dein Vater oder deine Mutter
wartet auf deinen Anruf
und deinen Besuch;
verschieb es nicht,
ruf an und fahr hin
– und du liebst Gott!

Deine Freunde haben Probleme
und haben dich gefragt,
ob du Zeit für sie hättest;
laß dir keine Ausrede einfallen,
nimm dir Zeit für sie
– und du liebst Gott!

Es ist dir ungeheuer peinlich,
daß man sich in deiner
Gegenwart streitet;
zieh dich nicht zurück,
misch dich ein,
laß es nicht unversucht,
die Streitenden zu versöhnen
– und du liebst Gott!

Geh in die Kirche,
besuch den Gottesdienst,
verrichte Andachten,
lies in der Bibel,
bete, faste,
verzichte, teile –
liebe Gott, deinen Herrn,
aus ganzem Herzen,
mit all deinen Kräften;
aber wenn du es tust,
ohne deinen Bruder
und deine Schwester zu lieben,
liebst du Gott nicht!

Es gibt nicht zweierlei Liebe.

Hab Mut

Hab Mut,
nicht Gleiches mit Gleichem zu vergelten,
auch wenn dir gesagt wird:
„Es ist nur gerecht, wenn du dem,
der dich so behandelt hat,
mit gleicher Münze zurückzahlst."

Hab Mut,
das Unrecht mit anderen Waffen
als mit der Gewalt zu bekämpfen!

Hab Mut,
zärtlich zu bleiben,
wenn andere grausam sind!

Hab Mut,
gütig zu sein,
wenn andere sagen: „Jetzt reicht's!"

Hab Mut,
auch einmal geduldig zuzuhören,
ohne aus der Haut zu fahren,
wenn einer nur Unsinn schwatzt.

Hab Mut,
zu verzichten,
auch wenn dir eingebleut wurde:
„Sieh nur zu,
daß du niemals zu kurz kommst!"

Hab Mut,
dich als Christ zu bewähren!

Das kann ich noch nicht

> „Da rief er ein Kind herbei,
> stellte es in ihre Mitte und sagte:
> Amen, das sage ich euch:
> Wenn ihr nicht umkehrt und wie
> die Kinder werdet, könnt ihr
> nicht in das Himmelreich kommen."
>
> *Mt 18,2–3*

Ich soll geduldig und hilfsbereit sein?
„Das kann ich nicht" –
sagt der Erwachsene.
„Das kann ich noch nicht" –
sagt das Kind.

Ich soll Frieden stiften
und keine Gewalt anwenden?
„Das kann ich nicht" –
sagt der Erwachsene.
„Das kann ich noch nicht" –
sagt das Kind.

Ich soll Gott, den Herrn,
lieben aus ganzem Herzen
und meinen Nächsten wie mich selbst?
„Das kann ich nicht" –
sagt der Erwachsene.
„Das kann ich noch nicht" –
sagt das Kind.

„Das kann ich noch nicht" –
sagt das Kind,
weil es damit rechnet,
daß es noch etwas lernt.

„Das kann ich nicht" –
sagt der Erwachsene
und drückt damit aus,

daß er gar nicht bereit ist,
zu lernen und weiterzukommen.

„Ich kann von Tag zu Tag mehr" –
sagt das Kind.
Und der Erwachsene sagt:
„Was Hänschen nicht lernt,
lernt Hans nimmermehr."

„Ich bin, wie ich bin" –
sagt der Erwachsene.
Und das Kind weiß:
„Ich bin noch im Werden."

Das Kind ist offen für das,
was Gott von ihm will;
aber der Erwachsene
kann sich nicht einmal vorstellen,
daß er sich noch ändern könnte.

Das Kind ist voll Hoffnung,
daß es morgen die Dinge tun kann,
die ihm Gott heute schon zutraut;
aber beim Erwachsenen
ist Hopfen und Malz verloren.

Mitarbeiter der Entwicklung

Der Gang der Welt
hat einen Anfang und ein Ende;
wir stehen mitten darin.
Wir sind Mitarbeiter der Entwicklung.

Was geschieht,
geschieht nicht ohne uns,
sondern mit uns.
Wir sind Mitarbeiter der Entwicklung.

Wir wurden nicht erschaffen,
damit wir dastehen und staunen,
wie alles läuft.
Wir sind Mitarbeiter der Entwicklung,
bis einmal alles in allem
Liebe sein wird.

Nicht gleich beim ersten Anlauf

Er war Alkoholiker
und hatte schon oft versucht,
nicht mehr zu trinken.

Endlich schien es geglückt,
doch dann war er wieder
rückfällig geworden.

Er war verzweifelt,
machte sich Selbstvorwürfe
und meinte, bei ihm
sei sowieso alles zwecklos.

Gott sei Dank
gab es für ihn einen Menschen,
der mehr Geduld mit ihm hatte
als er selber.

Nichts hat ihn so sehr getröstet
und ihm Hoffnung gegeben
wie die Worte:
„Gib nicht gleich auf!
Es macht doch nichts,
daß du rückfällig wurdest.
Ich habe Menschen gekannt,
die erst nach dem dreißigsten Anlauf
imstande waren, anders zu werden.“

Auf dem Weg

„Jesus sagte zu Petrus:
Als du jung warst, hast du dich selbst gegürtet und konntest gehen, wohin du wolltest.
Wenn du aber alt geworden bist, wirst du deine Hände ausstrecken, und ein anderer wird dich gürten und dich führen, wohin du nicht willst."

Joh 21,18

Wenn die Umwege
mein Weg sind,
ist mein Weg zum Ziel
kein Umweg.

Jeder Weg
kann zum Heimweg werden.

Selbst Jona im Bauch
des großen Fisches
beginnt Gott zu preisen
und ihm für den Umweg zu danken,
der ihn zu dem Ziel führt,
das er auf geradem Weg
gerade verfehlt hat.

Wie viele von zehn?

„Da sagte Jesus: Es sind doch
alle zehn rein geworden.
Wo sind denn die übrigen neun?“

Lk 17,17

Zehn Aussätzige
bitten Jesus um Heilung
und werden von ihm
tatsächlich geheilt.
Aber wie viele von ihnen
finden es der Mühe wert,
umzukehren, um Gott zu ehren?

Zehn Getaufte
antworten in der Osternacht
auf die Frage, ob sie
dem Teufel widersagen:
„Ich widersage.“
Aber wie viele von ihnen
vermeiden es,
bei nächster Gelegenheit
das Böse zu tun?

Zehn gute Christen
bejahen die Forderung Jesu:
„Richtet nicht,
damit ihr nicht gerichtet werdet!“
Aber wie viele von ihnen
halten es aus,
den neuesten Tratsch
nicht gleich weiterzuerzählen?

Zehn Zeitungsleser
glauben an den einen Gott,
neben dem es
keine anderen Götter gibt.

Aber wie viele von ihnen
suchen insgeheim trotzdem
in Horoskopen
Weisung und Zuspruch?

Zehn Väter hören
die Worte der Lesung:
„Ihr Väter, reizt
eure Kinder nicht zum Zorn,
sondern erzieht sie in der Zucht
und Weisung des Herrn!"*
Aber wie viele von ihnen
reagieren lieber autoritär,
statt sich die Mühe zu machen,
mit ihren Kindern
ein geduldiges und faires
Gespräch zu führen?

Zehn kritische Zeitgenossen
fordern Gerechtigkeit
für die Dritte Welt.
Aber wie viele von ihnen
sind tatsächlich bereit,
das, was sie haben,
mit anderen zu teilen?

Zehn Demonstranten
marschieren für den Frieden.
Aber wie viele von ihnen
machen nachher in ihrem Bereich
Schluß mit der alten Feindseligkeit?

---

* Eph 6,4

Zehn anständige Bürger
versichern glaubhaft,
sie hätten nichts gegen Juden.
Aber wie viele von ihnen
haben den Mut zum Widerspruch,
wenn in ihrer Umgebung
antisemitische Töne laut werden?

Zehn Abtreibungsgegner
setzen sich für den Schutz
des menschlichen Lebens ein.
Aber wie viele von ihnen
setzen sich ein,
wenn eine Kindergärtnerin
ihre Stelle verliert,
weil sie ein lediges Kind bekommt?

Zehn Einwohner von Sodom
halten sich für besser
und sittlich hochstehender
als den Rest der Stadt.
Aber wie viele von ihnen
sind in den Augen Gottes
tatsächlich gerecht?

Fünf waren töricht, fünf klug

I.
Das Himmelreich wird zehn Arbeitslosen
gleichen.
Fünf von ihnen waren töricht,
fünf klug.

Die fünf Törichten sagten zueinander:
Was helfen uns die schönen Worte
der Politiker?
Schicksal ist Schicksal!
Anderen geht es eben besser,
und wir haben Pech.

Die Klugen aber sagten:
Wir werden doch nicht unsere Hände
in den Schoß legen!
Und sie wurden nicht müde,
Tag für Tag Inserate zu lesen
und alles, was in ihrer Macht stand,
für ihre Zukunft zu tun.

II.
Das Himmelreich wird zehn Theologie-
studenten gleichen,
die sich auf ihren pastoralen Einsatz
vorbereiteten.
Fünf von ihnen waren töricht,
fünf klug.

Die fünf Törichten schwärmten von Jesus
und bemühten sich stets in Ekstase zu sein.
Als aber dann die erste Aufgabe
auf sie zukam
und sie in einem schwierigen Gespräch
Rede und Antwort stehen sollten,

wunderten sie sich, daß sie zu hören bekamen:
Mit euren frommen Phrasen
könnt ihr uns nicht überzeugen!

Die fünf Klugen aber betrachteten
ihren Glauben als etwas,
das man nicht ein für allemal hat,
sondern um das man täglich neu
ringen muß.

III.
Das Himmelreich wird zehn Sportlern gleichen,
die für die Olympischen Spiele trainierten.
Fünf von ihnen waren töricht,
fünf klug.

Die fünf Törichten sahen nur auf sich selber
und scheuten vor nichts zurück,
was geeignet war, ihre Leistung zu steigern.

Die fünf Klugen aber fragten sich:
Wie muß ich sein,
um meiner Mannschaft
am meisten zu geben?

IV.
Das Himmelreich wird zehn Kindergärtnerinnen gleichen,
die den ihnen anvertrauten Kleinen
von Gott erzählten.
Fünf von ihnen waren töricht,
fünf klug.

Die fünf Törichten brachten den Kindern
Gebete bei,
die sie immer wiederholen mußten,
bis die Kinder des Betens überdrüssig
waren.

Die fünf Klugen aber ermunterten
die Kinder,
dem lieben Gott einfach alles zu sagen,
was ihnen am Herzen lag;
und die Kinder strahlten vor Begeisterung,
weil sie dem lieben Gott jeden Tag
alles Schöne und alles Schwere erzählen
durften.

V.
Das Himmelreich wird zehn Schauspielern
gleichen.
Fünf von ihnen waren töricht,
fünf klug.

Die fünf Törichten betrachteten ihre Arbeit
als Job,
der ihnen möglichst viel Geld bringt.

Die fünf Klugen aber waren bestrebt,
die Herzen zu erreichen,
um mit ihrer Kunst einen Widerhall
der Freude und der Hoffnung,
der Trauer und der Angst der Menschen
zu geben.

Jesu Logik

Sünden sind dazu da,
bestraft zu werden –
sagt die Gerechtigkeit.

Und Jesus sagt:
Sünden sind dazu da,
vergeben zu werden.

Lieben heißt Lasten tragen

„Einer trage des anderen Last;
so werdet ihr das Gesetz Christi
erfüllen.“

Gal 6,2

„Die Liebe erträgt alles.“

1 Kor 13,7

I.

Wer sagt denn,
daß die Liebe
ein Honiglecken sein muß?

Lieben ist anstrengend.
Lieben ist schwer.
Die Liebe ist eine Last.

Was nützt es, wenn du beklagst,
daß der Mensch neben dir
immer nur im Kreis geht?

Nur wenn du ihn trägst,
kommt er vorwärts;
trägst du ihn nicht,
dann versinkt er im Sumpf.

Nur wenn du ihn trägst,
kommt er dorthin,
wohin er von selbst
nicht gekommen wäre.

II.
Wer sagt denn,
daß die Liebe
ein Houiglecken sein muß?
Lieben heißt Lasten tragen.

Wenn du den Menschen neben dir
trägst und erträgst,
dann hat er die Chance,
sich weiterzuentwickeln.

Du mußt ihm einen Vorschuß
an Liebe geben,
um ihn dazu zu bringen,
lieben zu können.

Vielleicht mußt du ihm
hundert Stunden Geduld schenken,
ehe du eine Frucht
deiner Mühe erblickst.

Behandelst du ihn nach dem Motto
„Aug um Auge, Zahn um Zahn“,
wirst du ihn nicht verändern.

III.
Lieben heißt Lasten tragen.
Aber das Tragen
trägt mit der Zeit Früchte.

Der in der Liebe Getragene
verändert sich durch dein Tragen;
und auch du selber
veränderst dich.

Du legst die Ungeduld ab,
den Mangel an Güte,
die Eifersucht,
den Jähzorn, die Mißgunst,
den Eigennutz und den Neid.

Wenn du den Menschen neben dir
trägst und erträgst,
dann wirst du bald merken,
wie du selbst von der Liebe
getragen wirst.

Aber die Liebe
ist trotzdem kein Honiglecken.

Lieben ist anstrengend.
Lieben ist schwer.
Lieben heißt Lasten tragen.

Der Haß verschwand

Ihr Mann betrügt sie.
Sie stellt ihn zur Rede.
Er leugnet es nicht,
sondern gibt alles zu
und bittet die Frau
um Verzeihung.

Die Frau verzeiht.
Er betrügt sie wieder
und bittet sie wieder,
daß sie ihm verzeiht.

Sie spürt,
wie Haß in ihr aufsteigt.
Da beginnt sie zu beten –
das ganz einfache Jesusgebet:
„Herr Jesus Christus,
Sohn Gottes,
erbarme dich meiner!"

Eine Frau hat versucht,
im Blick auf Jesus
und auf das Lamm Gottes,
das die Sünde hinwegnimmt,
die Schuld ihres Gatten
hinwegzulieben.

Der Haß verschwand,
die Atmosphäre der Ehe
wurde wieder erträglich.

Tu das Gute

„Wenn du Almosen gibst,
laß es nicht vor dir herposaunen,
wie es die Heuchler in den
Synagogen und auf den Gassen tun,
um von den Leuten gelobt zu
werden."

Mt 6,2

Tu das Gute –
aber frag nicht: Was bringt das?
– Wenn du mit dieser Frage nur meinst,
was es *dir* bringt,
und du dich nicht fragst:
Was bringt es dem andern?

Tu das Gute –
aber frag nicht, ob der Mensch, dem du hilfst,
wohl auch wert ist, daß du ihm hilfst;
denn sonst entwertest du
das Gute, das du tust.

Tu das Gute –
aber nicht, damit alle sehen,
wie selbstlos du sein kannst.
– Wie willst du denn selbstlos sein,
wenn es dir so sehr um dich selbst geht?

Tu das Gute –
aber sag nicht: Wie schade,
daß es niemand bemerkt hat!
– Ist Gott für dich niemand?

Tu das Gute –
aber tu es nicht, um gelobt zu werden.
– Und wenn man dich lobt, dann sieh zu,
daß in deinem Herzen
nicht das Unkraut des Stolzes aufgeht.

Tu das Gute –
aber wart nicht auf Dank.
– Und wenn man dir dankt,
dann sei dankbar,
daß man dir Dank schenkt.

Tu das Gute –
aber wart nicht auf Lohn.
– Denn wie willst du sonst merken,
wie sehr du schon dadurch belohnt bist,
daß du Gutes tun durftest!?

Worauf es ankommt

„Suchet zuerst das Reich Gottes
und seine Gerechtigkeit;
dann wird euch alles andere
hinzugegeben werden."

Mt 6,33

Fasten? Wallfahren?
Rosenkranzbeten?
Du sagst,
darauf kommt es nicht an.
Und du hast recht.

Jeden Sonntag in die Kirche?
Jedes Jahr mindestens einmal
zur Beichte?
Du sagst,
darauf kommt es nicht an.
Und du hast recht.

Von Aschermittwoch bis Ostern
keinen Tropfen Alkohol?
Für jeden unfallfrei
gefahrenen Kilometer
einen Groschen als Spende?
Du sagst,
darauf kommt es nicht an.
Und du hast recht.

Die Sternsinger ihr C + M + B
an die Wohnungstür schreiben lassen?
Für die Hungernden
in der Dritten Welt spenden?
Du sagst,
darauf kommt es nicht an.
Und du hast recht.

Nichts dagegen zu sagen,
wenn du Dinge nicht tust,
auf die es nicht ankommt.
Aber was tust du
von den Dingen,
auf die es wirklich ankommt?

Anonyme Christen und anonyme Nichtchristen

„Nicht jeder, der zu mir sagt:
Herr! Herr!, wird in das
Himmelreich kommen,
sondern nur, wer den Willen
meines Vaters im Himmel erfüllt."

Mt 7,21

Anonyme Christen
sind Menschen,
die gar nicht wissen,
daß sie Christen sind.

Es sind jene,
die am Jüngsten Tag
ganz erstaunt sein werden,
wenn sie erfahren,
daß sie mit dem, was sie taten,
Jesus nachfolgten.

Am Jüngsten Tag
wird es aber auch
anonyme Nichtchristen geben:
nämlich Menschen,
die gar nicht wissen,
daß sie *keine* Christen sind.

Es sind jene,
die ganz bestürzt sein werden,
wenn sie erfahren,
daß sie mit dem, was sie taten,
den Willen Gottes verfehlten –
obwohl sie glaubten,
die besten Christen zu sein.

Was wird er dazu sagen?

„Viele werden an jenem Tag zu mir sagen: Herr, Herr, sind wir nicht in deinem Namen als Propheten aufgetreten, und haben wir nicht in deinem Namen Dämonen ausgetrieben und in deinem Namen viele Wunder vollbracht? Dann werde ich ihnen antworten: Wahrlich, ich kenne euch nicht!"

Mt 7,22–23

Du sagst, du kennst Jesus –
aber kennt er auch dich?

I.
An jenem Tag
werden viele zu Jesus sagen:
„Hier bin ich,
du kennst mich –
ich war dir treu ...
Ich war nicht bloß Taufscheinchrist;
ich hab meinen Glauben
stets ernst genommen.
Keinen Sonntag hab ich
in der Kirche gefehlt.
Und wenn man mich
in der Pfarre gebraucht hat,
dann hab ich mich nicht erst
lang bitten lassen,
sondern war gerne bereit,
etwas beizutragen."

Und er –
was wird er dazu sagen?

II.
An jenem Tag
werden viele zu Jesus sagen:
„Hier bin ich,
du kennst mich –
ich war dir treu …
Ich hab täglich gebetet,
nicht nur am Morgen und am Abend
sowie vor und nach dem Essen,
sondern auch sonst gern und viel.
Ich hab meditiert
und die Psalmen gesungen;
Tag und Nacht hab ich
deinen Namen gepriesen."

Und er –
was wird er dazu sagen?

III.
An jenem Tag
werden viele zu Jesus sagen:
„Hier bin ich,
du kennst mich –
ich war dir treu …
Ich war Lehrer und hab meinen Schülern
nicht nur Wissen vermittelt,
sondern war stets bemüht,
in den Jugendlichen
das Fundament einer guten
christlichen Weltanschauung zu legen."

Und er –
was wird er dazu sagen?

IV.
An jenem Tag
werden viele zu Jesus sagen:
„Hier bin ich,
du kennst mich –
ich war dir treu …
Ich war Arbeiter
und hab an meinem Arbeitsplatz
Zeugnis für dich gegeben.
Und durch mein gutes Beispiel
konnte ich im Laufe der Zeit
immerhin zwei oder drei meiner
Arbeitskollegen
für die Mitarbeit in der Kirche gewinnen."

Und er –
was wird er dazu sagen?

V.
An jenem Tag
werden viele zu Jesus sagen:
„Hier bin ich,
du kennst mich –
ich war dir treu …
Ich war meinem Mann
eine gute Gattin.
Nie hat es an etwas gefehlt,
nie war ich untreu –
nicht einmal in Gedanken
oder Worten,
geschweige denn in der Tat."

Und er –
was wird er dazu sagen?

VI.
An jenem Tag
werden viele zu Jesus sagen:
„Hier bin ich,
du kennst mich –
ich war dir treu …
Ich war Priester und hab den Leuten
deine frohe Botschaft verkündet.
Der Eifer für deine Sache
hat mich ganz schön auf Trab gehalten:
Ich hab Beichten gehört
und Messen gelesen;
ich hab Kinder getauft
und in Religion unterrichtet;
ich hab Kranke besucht
und bin Sterbenden beigestanden;
ich hab mich um Obdachlose gekümmert
und politisch Verfolgte betreut;
und schließlich und endlich
hab ich, meinem Gelöbnis getreu,
den Zölibat gelebt
als ein Zeichen der Freiheit
im Himmelreich."

Und er –
was wird er dazu sagen?

VII.
An jenem Tag
werden viele zu Jesus sagen:
„Hier bin ich,
du kennst mich –
ich war dir treu …

Ich war Politiker und hab meine Laufbahn
ohne Skandal überstanden.
Immer die Wahrheit zu sagen
war leider nicht möglich;
doch war ich immer wieder bemüht,
in dem, was in meiner Verantwortung lag,
die christlichen Grundwerte
zu berücksichtigen."

Und er –
was wird er dazu sagen?

VIII.
An jenem Tag
werden so manche zu Jesus sagen:
„Hier bin ich,
du kennst mich –
ich war dir treu ...
Als Bischof hab ich mich redlich bemüht,
im Sinne der Kirche zu handeln.
Ich wollte kein Machtmensch sein,
sondern hab mir tagtäglich vor Augen
gehalten,
daß ich nur Diener und Werkzeug bin.
Ich wurde angefeindet, mir wurde hofiert –
ich hab es immer mit Gleichmut ertragen
und hab es als meinen persönlichen Weg
der Christusnachfolge erkannt."

Und er –
was wird er dazu sagen?

IX.
An jenem Tag
werden viele zu Jesus sagen:
„Hier bin ich,
du kennst mich –
ich war dir treu …
Gerade als Bettler
war ich stets in deinem Sinn unterwegs.
Ich hab den Menschen Gelegenheit gegeben,
sich in der Nächstenliebe zu üben.
So wie der Papst
als der höchste und angesehenste
deiner Brüder und Schwestern
dein Stellvertreter ist,
war auch ich
als der geringste deiner Brüder
zeitlebens dein Stellvertreter."

Und er –
was wird er dazu sagen?

*

Du sagst, du kennst Jesus –
aber kennst du ihn wirklich?

Du sagst, du kennst Jesus –
aber kennt er auch dich?

Lebst du wirklich so,
daß er an jenem Tag
nicht zu dir sagen muß:
„Wahrlich, ich kenne dich nicht!"?

Lebst du wirklich so,
daß er dir an jenem Tag
nicht vorwerfen muß,
daß deine Gerechtigkeit nicht größer war
als die Gerechtigkeit der Pharisäer
und Schriftgelehrten?

Lebst du wirklich so,
daß er an jenem Tag nicht Grund
haben wird,
dich wegen deiner Selbstgerechtigkeit
von sich zu weisen?

Sag nicht: Ich weiß ohnehin, was ich zu tun habe

„Jesus sagte zu seinen Jüngern:
Hütet euch vor dem Sauerteig
der Pharisäer, das heißt vor der
Heuchelei."

Lk 12,1

Sag nicht:
Ich weiß ohnehin, was ich zu tun habe –
sondern achte darauf,
was Gott dir als nächste Aufgabe zeigt.

Sag nicht:
Ich bin sowieso auf dem richtigen Weg –
sondern schau,
welchen Schritt du jetzt tun mußt.

Sag nicht:
Ich bin schon am Ziel –
sondern bedenke:
Du bist erst am Anfang des Anfangs.

Jetzt – und nicht erst morgen

Jetzt
steht einer vor dir,
dem du zuhören solltest –
und nicht erst morgen,
wenn du dir eventuell Zeit nehmen würdest;
morgen ist er vielleicht schon tot,
weil ihm niemand zugehört hat.

Jetzt
mußt du beten –
und nicht erst morgen;
morgen bist du vielleicht
schon so verzweifelt,
daß du gar nicht mehr beten kannst.

Jetzt
mußt du einem Menschen beistehen,
der dich bittet, daß du ihm hilfst;
morgen ist er vielleicht schon zu schwach,
von neuem um Hilfe zu bitten.

Jetzt
mußt du dem Menschen neben dir
ein freundliches Wort sagen,
denn jetzt braucht er Aufmunterung
und nicht erst dann,
wenn du Zeit und Lust hast.

Jetzt
mußt du dir klar darüber werden,
welches Ziel du hast;
sonst gehst du ab morgen
in die falsche Richtung weiter.

Jetzt
mußt du auf die Bremse steigen,
sonst bist du in drei Sekunden
in einem Blechsalat hilflos eingeklemmt,
aus dem sie dich als Schwerverletzten
drei Stunden lang herausschweißen müssen.

Jetzt
fordert dich ein Mensch heraus,
ehrlich zu sein;
morgen bist du bereits so sehr
in deine Lebenslüge verstrickt,
daß du gar nicht mehr merkst,
wie verlogen du lebst.

Jetzt
mußt du einem Menschen
klipp und klar sagen,
was du über ihn denkst;
morgen kann er vielleicht schon
an seiner Schwäche verzweifeln.

Jetzt
mußt du darauf verzichten,
das zu erwidern, was dir auf der Zunge liegt,
sonst ist der Bruch zwischen dir
und dem andern
nicht mehr zu kitten.

Jetzt
mußt du deinem Feind verzeihen.
Denn wie willst du weiterleben,
wenn du ihm nicht verzeihst?

Er aber sagt

„Ihr habt gehört, daß gesagt worden ist: Auge für Auge und Zahn für Zahn. Ich aber sage euch …“

Mt 5,38

Wir haben gehört,
daß das Leben von Behinderten
lebensunwertes Leben sei;
– er aber sagt,
daß gerade an solchen Menschen
das Wirken Gottes offenbar wird.

Wir haben gehört,
daß es am besten sei,
wenn man Alte und Kranke
ganz einfach abschiebt;
– er aber holt
die Schwiegermutter des Petrus
in die Gemeinschaft herein.

Wir haben gehört,
daß die Andersgläubigen
nicht gerettet werden können,
wenn wir sie nicht dazu bringen,
nach unserer Fasson selig zu werden;
– er aber sagt,
daß der Glaube eines heidnischen Hauptmanns
größer ist als aller Glaube in Israel.

Wir haben gehört,
daß gesagt worden ist:
„Alles ist Schicksal,
da kann man nichts machen“;
– er aber sagt,
wenn wir glauben,
können wir Berge versetzen.

Wir haben gehört,
daß mit dem Tod alles aus sei;
– er aber sagt,
wer an ihn glaubt,
wird leben in Ewigkeit.

Wir haben gehört,
daß Bürokraten meinen:
„Was sich bereits bewährt hat,
soll auch in Zukunft so bleiben";
– er aber sagt:
„Ich gebe euch
ein *neues* Gebot!"

Wir haben gehört,
daß gesagt worden ist:
„Jeder ist sich selbst der Nächste";
– er aber sagt:
„Was ihr für einen dieser Geringsten
nicht getan habt,
das habt ihr auch mir nicht getan!"

Wir haben gehört,
daß gesagt worden ist:
„Die Hungernden in der Dritten Welt
sind an ihrem Unglück
sowieso selber schuld";
– er aber sagt:
„Gebt ihr ihnen zu essen!"

Wir haben gehört,
daß gesagt worden ist:
„Das Boot ist voll";
– er aber sagt:
„Werft die Netze aus!"

Das Reich Gottes hat schon begonnen

„Da schickte Johannes seine Jünger
zu ihm und ließ ihn fragen: Bist du es,
der da kommen soll, oder müssen
wir auf einen anderen warten?
Jesus antwortete ihnen:
Geht und berichtet dem Johannes,
was ihr hört und seht: Blinde sehen
wieder, Lahme gehen; Aussätzige
werden rein, und Taube hören;
Tote stehen auf, und den Armen
wird das Evangelium verkündet."

Mt 11,2–5

Glaubt nicht, daß euch Gott nicht erhört,
wenn ihr ihn um das Kommen
seines Reiches bittet.

Tag für Tag könnt ihr Spuren
des Gottesreichs sehen,
wenn ihr nur wollt.

Zerstrittene Paare
versöhnen sich wieder.

Fanatiker
werden nachdenklich
und gesprächsbereit.

Hartherzige
werden freigebig.

Propheten
predigen nicht mehr
zu tauben Ohren.

Unentschlossene
ziehen Konsequenzen.

Christen
werden Christen.